Deportes espectaculares

Las carreras
más duras del mundo

Comprensión de fracciones

Saskia Lacey

Asesoras

Michele Ogden, Ed.D
Directora, Irvine Unified School District

Jennifer Robertson, M.A.Ed.
Maestra, Huntington Beach City School District

Créditos de publicación

Rachelle Cracchiolo, M.S.Ed., *Editora comercial*
Conni Medina, M.A.Ed., *Gerente editorial*
Dona Herweck Rice, *Realizadora de la serie*
Emily R. Smith, M.A.Ed., *Realizadora de la serie*
Diana Kenney, M.A.Ed., NBCT, *Directora de contenido*
Stacy Monsman, M.A., *Editora*
Kevin Panter, *Diseñador gráfico*

Créditos de imágenes: págs. 4-5, 12-13 Courtesy Thom Gilligan of Marathon Tours & Travel; pág. 6 Fotografía por Alakananda Lebedeva; págs. 8, 9 David McNew/ Getty Images; págs. 10, 11 Alexander Beer/ZUMA Press/ Newscom; pág. 13 INB Wenn Photos/Newscom; págs. 14 (superior e inferior), 14-15 Martin Bernetti/AFP/Getty Images; pág. 17 D. Ross Cameron/MCT/Newscom; pág. 22 (inferior) epa european pressphoto agency b.v./Alamy Stock Photo; págs. 22-23 Olivier Pojzman/ZUMA Press/ Newscom; pág. 23 (superior) Olivier Pojzman/ZUMA Press/Newscom; pág. 25 LAPI/Roger Viollet/Getty Images; todas las demás imágenes de iStock y/o Shutterstock.

Fuentes consultadas: Gray, Will. 2012. "Interview with Nick Gracie of Team Adidas TERREX/Prunesco." SleepMonsters Ltd. http://www.sleepmonsters.com/ v2_races.php?article_id=7503 McIntosh, Amanda. 2011. "Lessons Learned at Badwater." Badwater University. http://www.badwater.com/university/lessons-learned- at-badwater/ Windsor, Richard. 2016. "Chris Froome: 'Before counts for nothing. I'm hungrier than ever for success.'" Cycling Weekly. http://www.cyclingweekly. co.uk/news/racing/tour-de-france/chris-froome- counts-nothing-im-hungrier-ever-success-234616

Teacher Created Materials

5301 Oceanus Drive
Huntington Beach, CA 92649-1030
http://www.tcmpub.com

ISBN 978-1-4258-2886-8

Contenido

Solo para los fuertes

El mundo de las carreras está cambiando. Las pistas son más largas. Los escenarios son más extremos. Los obstáculos son más extraños y más peligrosos. Los atletas quieren intentar cosas que parecen imposibles. Quieren tener la oportunidad de demostrar su fuerza.

Por lo tanto, se crean las carreras. Se construyen obstáculos. Se diseñan pistas increíbles para desafiar a los más fuertes de los fuertes. Los atletas entrenan mucho. Necesitan prepararse para los **terrenos** congelados, los vientos del desierto y las colinas empinadas. Deben tener resistencia sobrehumana.

Estas carreras están creadas para ser **rudas**. No son para cualquier atleta. Solo los competidores que se lo toman en serio pueden inscribirse. Quizás hayas escuchado hablar sobre estas carreras, pero probablemente no las conoces a todas. ¿Alguna vez has oído hablar de la Maratón Antártica? ¿Y de la Maratón de la Jungla? ¿Y te suena *Tough Mudder*®? Cada una tiene sus propias dificultades. Todas son muy duras. ¿Cuál es la más dura? Tú decides.

Los atletas se abren paso en la pista de la Maratón Antártica.

Participantes de la Carrera del Castor, la versión lituana de la carrera con obstáculos *Tough Mudder*.

Desafíos en todo el mundo

La primera pista parece sencilla. Los corredores no se enfrentan con ningún obstáculo extraño. No se realiza en ningún lugar salvaje. El clima no es extremo. En esta carrera, solo hay una manzana urbana. Fácil, ¿verdad? Bueno… tal vez no.

La carrera *Self-Transcendence 3100* (auto-**trascendencia**) se lleva a cabo todos los años en Queens, Nueva York. La carrera tiene 3,100 millas (5,000 kilómetros) de largo. ¡Es como correr por todo Estados Unidos! Y el desafío es mayor. Los corredores tienen que finalizar la carrera en 52 días. Los atletas deben correr casi 60 mi (100 km) por día para llegar a tiempo.

Parece imposible. Pero los atletas que llegan a la meta tienen mucho de qué alardear. ¡Se trata de la carrera a pie más larga del mundo!

Muchos corredores no quieren solo llegar a la meta. Quieren batir el récord. En el 2015, el ganador llegó a la meta en solo 40 días, 9 horas. Debió correr algo más de 76 mi (122 km) por día.

Ashprihanal Aalto batió el récord en el 2015.

EXPLOREMOS LAS MATEMÁTICAS

Karen camina alrededor de su manzana todos los días. Su manzana se ve así:

La ruta de Karen

● - - - →

1. ¿Cuántas **partes** conforman la manzana **completa** de Karen?

2. ¿Qué puedes decir del tamaño de cada parte de la manzana?

3. ¿Qué **fracción** de la manzana representa la alcaldía?

7

Badwater® 135

La carrera *Badwater 135* no es fácil. Los corredores recorren 135 mi (217 km) en el desierto del Valle de la Muerte en julio. Si piensas en correr, ¡asegúrate de llevar mucha agua! El Valle de la Muerte le hace honor a su nombre. Es el lugar más caluroso de la Tierra. Para llegar a la meta, los corredores tienen personas en su equipo que los ayudan a mantenerse tranquilos y frescos. Estas personas siguen a los corredores mientras compiten. Se aseguran de que sigan en pie. También ayudan a mantenerlos a salvo.

Una de estas personas, Amanda McIntosh, estaba preocupada por el calor. "Cuando bajé de la camioneta, fue como saltar dentro de un horno". Pero al final de la carrera, Amanda casi se había **convertido**. "Si bien todavía puedo **sostener** que esta no es una carrera para mí... ahora comprendo la **fascinación** que genera *Badwater*". Los corredores la impresionaron. Le maravilló ver cómo vencían el intenso calor.

Los corredores tratan de mantenerse frescos en el intenso calor.

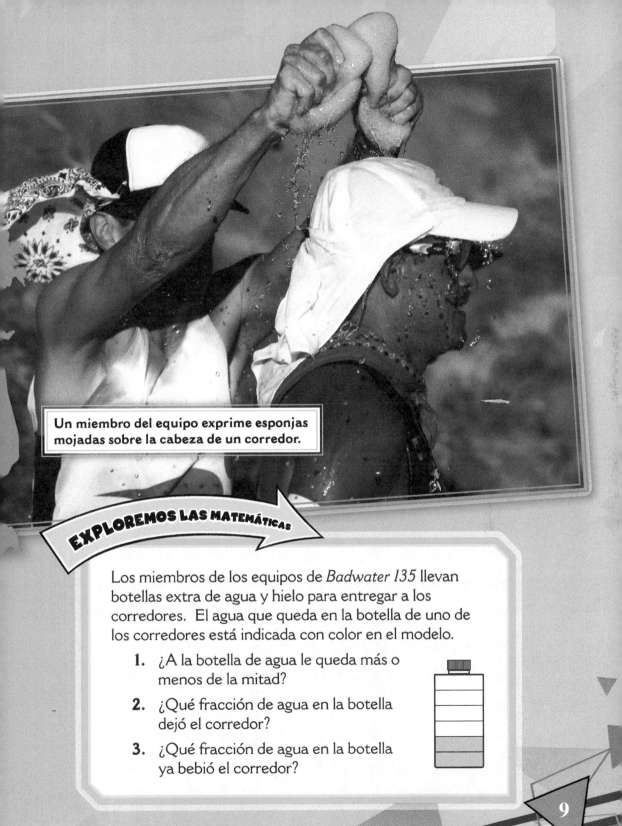

Un miembro del equipo exprime esponjas
mojadas sobre la cabeza de un corredor.

EXPLOREMOS LAS MATEMÁTICAS

Los miembros de los equipos de *Badwater 135* llevan
botellas extra de agua y hielo para entregar a los
corredores. El agua que queda en la botella de uno de
los corredores está indicada con color en el modelo.

1. ¿A la botella de agua le queda más o
   menos de la mitad?

2. ¿Qué fracción de agua en la botella
   dejó el corredor?

3. ¿Qué fracción de agua en la botella
   ya bebió el corredor?

En el 2014, Josie Benson compite en la Maratón de la Jungla y se ubica primera entre las corredoras.

Maratón en el Amazonas

La Maratón de la Jungla es una de las carreras más duras del mundo. Se lleva a cabo en la selva amazónica. Es un lugar caluroso, húmedo y muy peligroso. Los corredores tienen que **resistir** temperaturas por encima de los 100 grados Fahrenheit (40 grados Celsius). ¡Así que ni lo intentes si te asusta transpirar!

No solo el calor hace que la carrera sea difícil. El trayecto tiene más de 150 mi (240 km) de largo. Los atletas deben sobrevivir en la selva. Deben construir refugios y vivir de la tierra. Deben estar listos y atentos en todo momento. El peligro acecha en cada rincón. Deben tener mucha precaución allí en la selva. Hay muchos depredadores. Anacondas y jaguares merodean la selva. Hay insectos que muerden y pican. Criaturas como las tarántulas caminan bajo los pies.

Es probable que esta carrera no sea fácil, pero la recompensa es muy grande. Los corredores no se inscriben solamente por una medalla. También quieren vivir la belleza indómita del Amazonas.

Jaguar

Tarántula de patas rosadas

Maratón Antártica

Si la Maratón de la Jungla te parece demasiado calurosa, posiblemente quieras ver la Maratón Antártica. Los vientos polares acechan a los corredores en todo el camino. Las temperaturas **bajo cero** son comunes. Pero los corredores se preparan para esto. Después de todo, es en la Antártida, ¡el lugar más frío del planeta!

Esta carrera helada es una maratón estándar, un poco más de 26 mi (42 km). Pero esta carrera no es nada estándar. Se necesita mucha habilidad para correr en el frío helado.

Un grupo de corredores comienza su aventura en la Maratón Antártica.

Winter Vinecki es una de esas hábiles corredoras. Cuando tenía solo 14 años, corrió la Maratón Antártica. Completó la carrera en menos de 5 horas. ¡Es algo increíble para cualquier edad!

Pero Winter no se detuvo allí. Se puso la meta de correr una maratón en cada continente. ¡Y así lo hizo! Winter ha sido la corredora más joven en lograr esto.

Winter Vinecki

Un equipo francés se viste para esta aventura de resistencia.

El equipo *Mind Over Body* (La mente sobre el cuerpo) de Canadá realiza la sección de ciclismo de montaña de la carrera.

14

Expedición a la Patagonia

La Expedición a la Patagonia es famosa por su belleza. Hay montañas y planicies. Hay glaciares y desiertos. Lo que pidas, ¡esta carrera lo tiene! Los atletas se sienten muy afortunados. No muchos pueden ver estas maravillas tan de cerca.

Entrenarse para esta carrera puede ser como un acertijo. Cada año, el recorrido cambia. Los atletas nunca están seguros de lo que encontrarán en el camino. Pero pueden estar seguros de que sus cuerpos serán puestos a prueba. Equipos de cuatro deben trabajar en conjunto para escalar, correr, montar bicicletas y remar kayaks para llegar a la meta.

La ruta se revela 24 horas antes de que comience la carrera. Los atletas deben poder pensar sobre la marcha. Cada decisión es una manera de avanzar o de quedarse atrás.

Uno de los atletas de más renombre de esta carrera es Nick Gracie. ¡Su equipo ha ganado cuatro veces! Gracie dice que cada vez que le preguntan adónde deberían viajar, su respuesta es siempre la misma: la Patagonia chilena. Gracie dice: "Es el lugar más hermoso que he conocido en el mundo".

El equipo estadounidense rema en kayaks por el sur de la Patagonia chilena.

Frisco feroz

La carrera *San Francisco Ultramarathon*® tiene un poco más de 52 mi (84 km) de largo. ¡Representa la longitud de dos maratones! Los atletas comienzan a correr a la medianoche y continúan corriendo durante el día siguiente. El trayecto no es fácil. San Francisco tiene terrenos difíciles. Hay muchas colinas empinadas. Hasta los atletas más fuertes se ponen nerviosos.

Para calificar como atleta que cruzó la meta, los corredores deben hacer la parte nocturna de la carrera en cinco horas o menos. Luego, deben correr la parte diurna en seis horas o menos. Esta es una de las razones por las que muchos atletas siguen corriendo aun con **fatiga**. Un solo paso más se siente como si fuera demasiado. Pero siguen adelante porque es un honor correr esta carrera.

La carrera está restringida a solo 100 de los mejores atletas. Cada uno de estos corredores compite por una causa. Al correr, recaudan dinero para la obra de caridad que elijan. Sus piernas se pondrán débiles. Los pulmones les arderán. Pero estos superatletas pelearán por llegar a la meta.

EXPLOREMOS LAS MATEMÁTICAS

Enzo está corriendo una milla en una pista.

1 milla

$$0 \quad \frac{1}{8} \quad \frac{2}{8} \quad \frac{3}{8} \quad \frac{4}{8} \quad \frac{5}{8} \quad \frac{6}{8} \quad \frac{7}{8} \quad \frac{8}{8}$$

1. Enzo comenzó en el 0 de la pista. ¿Qué fracción de una milla ya corrió Enzo?

2. ¿Qué fracción de una milla necesita correr Enzo todavía si quiere correr la milla completa?

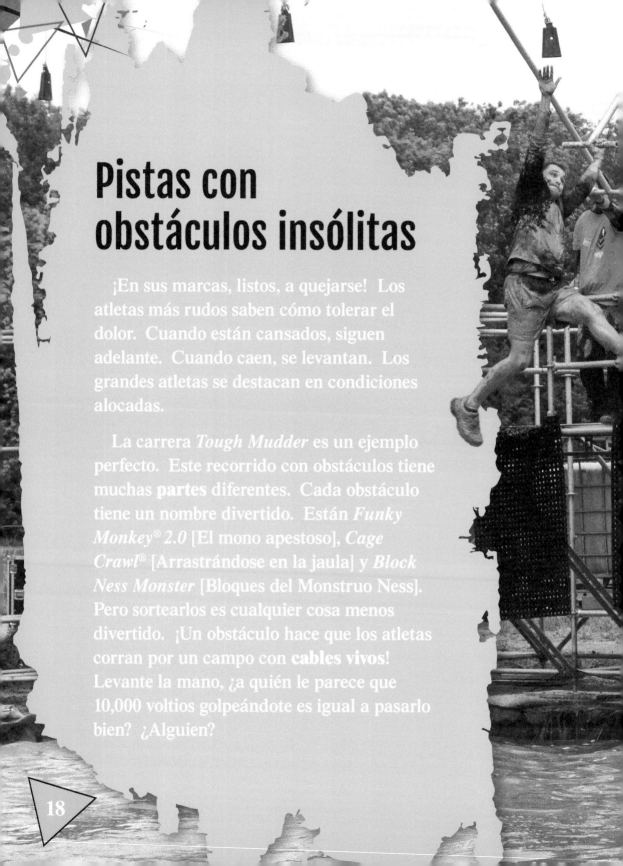

Pistas con obstáculos insólitas

¡En sus marcas, listos, a quejarse! Los atletas más rudos saben cómo tolerar el dolor. Cuando están cansados, siguen adelante. Cuando caen, se levantan. Los grandes atletas se destacan en condiciones alocadas.

La carrera *Tough Mudder* es un ejemplo perfecto. Este recorrido con obstáculos tiene muchas **partes** diferentes. Cada obstáculo tiene un nombre divertido. Están *Funky Monkey*® *2.0* [El mono apestoso], *Cage Crawl*® [Arrastrándose en la jaula] y *Block Ness Monster* [Bloques del Monstruo Ness]. Pero sortearlos es cualquier cosa menos divertido. ¡Un obstáculo hace que los atletas corran por un campo con **cables vivos**! Levante la mano, ¿a quién le parece que 10,000 voltios golpeándote es igual a pasarlo bien? ¿Alguien?

Los atletas de *Tough Mudder* intentan llegar a la campana sin caer al agua.

EXPLOREMOS LAS MATEMÁTICAS

Elisa planifica una pista con obstáculos en el campo circular al lado de su escuela. Si bien la pista no será tan extrema como la de *Tough Mudder*, ¡seguro será divertida para ella y sus amigos!

1. ¿Cuántas partes conforman la pista con obstáculos **entera**?

2. ¿Qué observas en cuanto al tamaño de cada parte de la pista con obstáculos?

3. ¿Qué **fracción** de la pista con obstáculos se utiliza para la rayuela?

Rayuela

Escaleras

Carrera en monopatín

ARE YOU TOUGH ENOUGH?

Un atleta emerge del obstáculo *Sewer Rat*.

START

Con una nube de humo naranja los corredores se lanzan a conquistar *Tough Mudder*.

Pero los cables vivos son solamente uno de los terrores de *Tough Mudder*. También hay obstáculos con temperaturas extremas. Uno consiste en un contenedor lleno de agua helada. Caminar por libras de hielo es una tarea que hace castañetear los dientes. Algunos atletas eligen probar el agua antes de saltar: grave error. La única manera de pasar este desafío helado es sumergiéndose de una vez. Lo mismo se podría decir de la mayoría de los obstáculos alocados de *Tough Mudder*.

En los últimos años, *Tough Mudder* ha añadido nuevas carreras. Ahora existe *The World's Toughest Mudder*®, una carrera de 24 horas sin meta. El recorrido es de 5 mi (8 km) de largo. Posee todos los obstáculos que puedes imaginar. Y los corredores no hacen el recorrido una sola vez. Lo corren una y otra vez. El atleta que corra la pista la mayor cantidad de veces es el ganador.

Una atleta salta sobre el obstáculo *Fire Walker*.

21

Bicicletas al límite

Algunos atletas prefieren las carreras en dos ruedas en lugar de dos pies. Cada año, algunos de los mejores ciclistas del mundo ponen sus pedales a prueba y compiten en *Race Across America* [Carrera por Estados Unidos]. El recorrido va desde California hasta Maryland. Los ciclistas pueden competir solos o en equipos. La mayoría de las competencias de ciclismo han programado días de descanso. Pero *Race Across America* no. Esto hace que sea más difícil competir solo. Los ciclistas que van en equipo pueden pasar menos tiempo pedaleando y más descansando. Esto es útil ya que van de costa a costa.

Pero la distancia no es el único desafío. Los atletas deben completar la carrera en solo 12 días. Eso significa que deben pedalear 250 mi (400 km) cada día. ¡Esa sí que es mucha distancia! A la mayoría ni siquiera le gusta conducir tanto en un día. ¡Imagina cómo será en bicicleta!

Los mejores ciclistas solo descansan unos 90 minutos por día. El tiempo restante pedalean. ¿Cómo es esto posible? ¡Tal vez solo lo sepan los ciclistas de *Race Across America*!

RACE ACROSS AMERICA

 OCEANSIDE, CA TO ANNAPOLIS, MD · 3000 MILES

Un vehículo de asistencia sigue a un ciclista.

Los ciclistas comienzan la carrera en Oceanside, California.

23

El Tour de Francia

El Tour de Francia es una carrera con mucha historia. Se lleva a cabo durante varias semanas. Los ciclistas recorren miles de millas. Pedalean por muchos países. Por más de 100 años, los atletas se han esforzado por ganar esta famosa carrera. Todos ellos desean vestir la camiseta amarilla que se le entrega al ganador.

La primera carrera fue en el verano de 1903. Comenzó y terminó en París. Hubo 60 competidores. Nos adelantamos al 2016. Compitieron cerca de 200 ciclistas. ¡Qué diferencia hacen 100 años!

En el 2016, Chris Froome ganó el Tour de Francia por tercera vez. El campeón todavía está emocionado por la carrera. Froome cree que los ciclistas son todos iguales al comenzar cada año. Dice: "Lo anterior no cuenta. Este año tengo más sed de victoria que nunca". Estas son las palabras de un atleta comprometido.

Chris Froome compite en una prueba de tiempo vistiendo la famosa camiseta amarilla.

Los ciclistas que corren el Tour de Francia representan a muchos países. Los equipos visten camisetas similares. ¡Cada equipo quiere ganar!

Observa los gráficos a continuación. Los ciclistas visten tres colores.

1. ¿Qué fracción de los ciclistas está en rojo?
2. ¿Qué fracción de los ciclistas está en azul?
3. ¿Qué fracción de los ciclistas no está en anaranjado?

Atletas recorren París en 1926.

Estos jóvenes atletas corren la carrera de 2 km para niños en *Laguna Phuket International Marathon*™ en Tailandia.

Una familia se abre paso en un obstáculo con agua durante una carrera con lodo.

Sueña en grande

Los atletas entrenan durante años antes de competir en las carreras más difíciles del mundo. Son recorridos extremos. Están diseñados para inspirar a los atletas más duros de todo el mundo. Desde París hasta la Patagonia, los mejores atletas ponen a prueba sus destrezas. Una cosa que todos los atletas tienen en común es su deseo de competir.

¡Pero hasta los mejores atletas tuvieron que comenzar desde cero! ¿Tienes lo que se necesita para competir en una de estas carreras? ¡Posiblemente sí! Investiga las carreras que hay cerca de ti. Verás que hay carreras para atletas con todos los niveles de experiencia. O tal vez solo quieras caminar por tu manzana. ¡Todo lo que importa es que ates los cordones de tus deportivas y salgas!

Resolución de problemas

A Teo y a sus amigos les encanta montar bicicletas. Pero no están preparados para el **extenuante** Tour de Francia. Por lo tanto, organizaron su propia carrera, ¡el Tour del Parque! No es el Tour de Francia, pero se divierten igual. La pista tiene 1 km de longitud a través del parque, con marcadores en todo el camino. Igual que los ciclistas del Tour de Francia, ¡Teo y sus amigos quieren ganar! Usa las pistas para marcar las posiciones de Teo y sus amigos en la carrera en la recta numérica. Luego responde las preguntas.

1. ¿Quién está más cerca del marcador $\frac{4}{8}$ de la pista: Dora o Ceci?

2. ¿Ben está más cerca del marcador $\frac{4}{8}$ o de la meta? ¿Cómo lo sabes?

Pistas

- Teo está en el marcador $\frac{4}{8}$.

- Ada está a $\frac{6}{8}$ del camino desde la meta.

- Juan está en el marcador $\frac{1}{8}$.

- Dora está a $\frac{6}{8}$ del camino hacia la meta.

- Ceci está a $\frac{3}{8}$ del camino hacia la meta.

- Ben está a $\frac{1}{8}$ del camino desde la meta.

Pista de 1 kilómetro

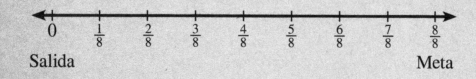

Salida · 0 · $\frac{1}{8}$ · $\frac{2}{8}$ · $\frac{3}{8}$ · $\frac{4}{8}$ · $\frac{5}{8}$ · $\frac{6}{8}$ · $\frac{7}{8}$ · $\frac{8}{8}$ · Meta

Glosario

bajo cero: por debajo de 0 °F (−18 °C)

cables vivos: cables que llevan corriente eléctrica

convertido: cambiado sus creencias

entera: que tiene todas las partes; completo o total

extenuante: muy difícil o que necesita mucho esfuerzo

fascinación: el poder de atraer o influenciar a alguien

fatiga: el estado de agotamiento o cansancio extremo

fracción: un número que muestra cuántas partes iguales hay en un todo y cuántas de esas partes se están describiendo

partes: porciones que conforman un todo

resistir: soportar y dejar atrás el dolor o las molestias

rudas: extremadamente violentas o difíciles

sostener: afirmar o declarar

terrenos: determinados tipos de suelo

trascendencia: existencia más allá de la experiencia normal

Índice

Soluciones

Exploremos las matemáticas

página 7:

1. 4 partes
2. Cada parte es del mismo tamaño.
3. $\frac{1}{4}$ de la manzana

página 9:

1. menos de la mitad
2. $\frac{2}{6}$ (o $\frac{1}{3}$)
3. $\frac{4}{6}$ (o $\frac{2}{3}$)

página 17:

1. $\frac{3}{8}$ de una milla
2. $\frac{5}{8}$ de una milla

página 19:

1. 3 partes
2. Cada parte tiene el mismo tamaño.
3. $\frac{1}{3}$ de la pista con obstáculos

página 25:

1. $\frac{4}{8}$ (o $\frac{1}{2}$) está en rojo.
2. $\frac{2}{8}$ (o $\frac{1}{4}$) está en azul.
3. $\frac{6}{8}$ (o $\frac{3}{4}$) no está en anaranjado.

Resolución de problemas

La recta numérica debería mostrar a Teo en $\frac{4}{8}$, Ada en $\frac{2}{8}$, Juan en $\frac{1}{8}$, Dora en $\frac{6}{8}$, Ceci en $\frac{3}{8}$ y Ben en $\frac{7}{8}$.

1. Ceci está más cerca del marcador $\frac{4}{8}$.
2. Ben está más cerca de la meta. Está a $\frac{1}{8}$ de kilómetro de la meta y a $\frac{3}{8}$ de kilómetro del marcador $\frac{4}{8}$.